GOTT, HIMMLISCHE HELFER & ICH

Meditationsreisen ins Innere Selbst

Inhaltsverzeichnis:

Danksagung:

Zuerst möchte Ich mich bei Gott (Heiner) bedanken, für die liebevolle Führung.

Bedanke mich auch bei all den Engeln die mich begleiten.

Und ein großer Dank gebührt Erzengel Metatron, für die unendliche Geduld die er mit mir hat. Ohne Eurer Hilfe, hätte ich es niemals geschafft, dieses Buch zu schreiben.

Danken möchte ich auch, Norbert, der mir ja viel Halt, Mut und Stärke übermittelt.

Und ein großer Dank, an meine Familie.

Dann ein Danke Ich der Vereins- Obfrau Dagmar Schmalvogl und für ihre liebevolle Unterstützung.

Und ein Danke an Erich, der mich auch auf wundervolle Weise unterstützt.

Und ich möchte mich auch bei jedem bedanken, die mit mir ein kleines oder auch langes Stück des Weges gingen.

Vorstellung und mein Werdegang

Hiermit stelle Ich mich vor:

Ich Ilse Purgstaller, meine Herzlichkeit,

Wohnhaft in Wien;

Ich bin geboren in Steyr OÖ,

Meine Kinder und Jugendzeit, war oft turbulent.

Mit 18 Jahren lernte Ich meinen ersten Mann kennen,

wir heirateten, da war Ich 21, davon entsprangen 2

herrliche Kinder.

Wir waren insgesamt 28 Jahre verheiratet mit einer

kleinen Trennung,

die uns aber wieder für eine Weile zusammen führte, bis

wir uns Endgültig trennten.

Mit 47 lernte Ich meine jetzigen Partner Norbert

kennen und von Herzen lieben. Denn Ich auch von

Herzen Danke.

Im Jahre 2000 nach einer schweren Krankheit,

begann Ich mein Buch zu schreiben *Die helfende

Hand*von Ilse Roll (wie Ich damals hieß), begann zu

malen, einfach meine Gefühle auszudrücken.

Und gleichzeitig begann auch die Zeit der Bachblüten und Reiki.

Da muss Ich dazu sagen, dass meine kreativen Kräfte, meistens nachts erwachen.

Nach 5 Jahren Tätigkeit, lies Ich diese Begabung etwas links liegen und auch durch ein Kosmisches Gesetz hinderte Ich mich selbst daran, es weiter zu betreiben.

Im Frühjahr 2010 begann Ich erneut Durch Göttliche Führung, meine Eigenschaften mit Bachblüten, Reiki & Energetisches -Lymphknoten-Clearing wieder aufzunehmen. Diesmal mit der Führung von Dagmar Schmalvogel, durch die Einweihung in Kundalini-Reiki konnte Ich mich weiterbilden.

29.August 2010

Ich bitte Gott um Hilfe und Unterstützung

JETZT

Liebe Eschli, Ich; Gott und Metatron werden

mit dir dieses Werk zusammen erstellen.

Zuerst möchte Ich Dir das Gefühl geben, dass

Du immer geliebt wirst von MIR.

DU wirst von vielen Personen geliebt, bei Dir

auf der Erde, vergiss das nicht, meine Liebe.

Dein Hauptengel ist Metatron, der seid Deiner

Geburt bei Dir ist, auch wenn Du es oft nicht

wahrhaben wolltest.

Er ist der Mächtigste unter allen, und diese

Unterstützung hast Du immer gebraucht.

Zu Seiner Unterstützung hat er noch viele zur

Auswahl, einer ist für DICH die meiste Zeit zu

wenig.

Du hast etliche Angriffe, auch wenn Du das oft nicht wahrnimmst.

Sie beschützen Dich von Herzen gern,
oft machst Du es Ihnen leicht, dann wieder nicht so einfach.

Wir, mein Herz werden jetzt eine Reise ins Universum unternehmen.

Komm einfach mit, vertraue UNS/ MIR.

Ich: am Anfang werde Ich durch Meditation ins himmlische Reich reisen, später wurde mir gesagt, geht das einfacher, am Anfang ist´s besser so für mich.

1: Meditation:

ICH begab mich wieder zu meiner Wiese.

Dort wartete ein wunderschönes Lichtwesen auf

mich, nahm mich bei der Hand und die Reise

ging los.

Es dauerte nicht lang (Wimpernschlag) und wir

kommen zu einem goldenen Tor, dort

verabschiedete sich das Lichtwesen.

Ich klopfte an die Tür und wartete auf die

Aussage, dass Ich eintreten durfte.

Die Tür öffnet sich von ganz allein, geblendet

schloss Ich meine Augen, dieses Licht,

atemberaubend.

Als sich die Augen daran gewöhnt hatten, hörte

Ich die Stimmen meines Himmlischen Gemahls.

Mein Herz tritt ein und komme her zu mir.

Ich trat ein und wurde liebevoll umarmt.

Vor Freude weinte Ich, GOTT küsste mir 4

Tränen weg, die anderen Tränen wurden in

einen Glasfläschchen (Regenbogenfärbiges)

aufgefangen.

GOTT sagt: Du hast in Deinem jetzigen Leben

schon zu viel geweint, jetzt ist es genug.

Schau Dich um; hier bist Du sicher und

geborgen.

Deine Ängste und Dein Kummer lösen sich

liebevoll auf.

ICH: Wenn ich fragen habe soll(kann) ich sie

stellen?

GOTT: Es ist egal welche Fragen Du stellst, alles was Dein Herz bedrückt, sprich es aus und Wir werden es dann bereden.

Erzengel Metatron wird mich unterstützen und Dich wie immer auch begleiten.

ICH: Ich habe sehr viele Fragen, aber möchte zuerst die Ruhe hier bei DIR genießen, so lange war Ich nicht hier bei Dir.

In diesem Leben nicht und in den vielen anderen Leben auch nicht. Wir waren ja eine Ewigkeit nicht zusammen.

GOTT: Mein Herz, das ist ein Irrtum von Dir. **ICH war immer bei Dir. Nur Du hast Dein Herz verschlossen, vor lauter Angst.**

Oh ja, wie Du glücklich warst, da war Ich präsent bei Dir und hast mir gedankt und mich an Deinem Glück teilhaben lassen.

Wenn es Dir nicht so gut ergeht, verschließt Du Dein Herz, was ja nicht besonders gut war für Dich, lass mich auch da anwesend sein.

Aber jetzt bist Du hier, hast mich endlich wieder rufen gehört und bist meinem Ruf gefolgt.
Schau Dich um mein Herz, ruhe Dich von Deiner Mühsal aus.

ICH: Ich blicke mich um und dabei frage Ich, Wo sind all die Engeln?

GOTT: Die sind unterwegs auf der Erde, den Personen Beistand zu geben, zu helfen, und Ihnen mit Ratschlägen zur Seite stehen.
Aber ein Teil ist dennoch auch hier.
Öffne dein Herz ganz weit, lasse Friede einkehren, entspann Dich.

ICH: Oh, jetzt sehe Ich sie auch. Oh Oh, Himmlisch kann Ich nur sagen.
Es ist schon so lange her, dass Ich diese Idylle erfahren und erleben durfte (konnte).

GOTT: Sag dass nicht, Du hast dieses Erlebnis jeden Tag, nur Dein Herz war verschlossen.

ICH: GOTT, warum muss Ich es diesmal so schwer haben und so viel Leid erfahren.
Um alles kämpfen um jedes kleine Detail?

GOTT: Schau, als wir uns verabschiedeten hast Du Dich entschieden, diesmal diese Strecke, die nicht so angenehm ist, zu gehen.

Die angenehmen hattest Du ja schon einmal erfahren, diese kanntest Du noch nicht.

Du sprachst damals: Wie kann Ich da die anderen Unterstützen und Ratschläge geben, wenn Ich es selbst nicht erfahren habe!

Und wie Du zugeben solltest, angenehme und schöne Zeiten hattest und hast du noch, in diesem Leben!

ICH: Oh Ja, die hatte Ich sicher und werde ganz sicher noch viele haben; DANKE Dir

GOTT: Danke nicht nur mir, DANKE Dir selber auch, Du hast Dir alles erschaffen.

Und Glückliche Zeiten wirst du auch wieder erfahren, bist ja gerade dabei.

ICH: Werde Ich lange bei dir verweilen?

GOTT: Nein, mein Herz, Du wirst dann wieder abgeholt, Du wirst noch gebraucht und erwartet von Deinem Irdischen Gemahl (bald ist er es, nur Geduld mein Herz)
Er wartet ja auf Dich, der Dich genauso Liebt, wie Ich Dich.
Dem Du auch so von Herzen liebst, wie Du mich liebst.

Die anderen Treffen, werden nicht immer über Mediation sein, Du kannst mich jederzeit wahrnehmen.

So wie Du es früher immer machtest, erinnere Dich daran.

Und dies ist mein Geschenk an Dich. *die Erinnerung*, aber nicht alle Erinnerungen gebe Ich Dir, dass würde Dich zur Zeit überfordern.

Ein Ratschlag von mir:

Wenn Du reisen unternimmst, mental oder meditierst, hülle Deinen Körper warm ein, in deiner Welt, friert er jetzt, deshalb kannst und solltest Du auch nicht länger bei mir hier verweilen.

Mache es Dir zur Gewohnheit, immer was zum Schreiben mitzuhaben!

WIR verabschieden uns liebevoll mit den Worten

ICH LIEBE DICH.

Mein Begleiter tritt bei der Tür ein, nimmt
meine Hand und wie ein Wimpernschlag sind
wir weg.

Bei der Wiese angelangt, verabschiedet sich das
Lichtwesen (Engel) mit den Worten: Bis zum
nächsten Mal, mach`s gut!

ICH bin wieder in meiner Welt, mit eigenartigen
Gefühlen.

Freude, Licht, Wärme Geborgenheit und das
Gefühl von mein Selbst geliebt sein; Einfach in
meinen SEIN.

Aber auch etwas Traurigkeit ist in mir.

Für kurze Zeit ist meine Eigenliebe abhanden
gekommen, darum war mein Körper eiskalt.

Jetzt bin ICH wieder mit meiner Selbstliebe
vertraut und ICH spüre die Wärme in meinen
Herzen. ICH BIN ICH

Bei **GOTT** kam es mir vor nach Zeit gemessen nur ca. 30 Minuten vor.

Nach unserer Erdenzeit, waren es ca. 6 Stunden.

2 . Meditation

ICH: Ich wurde gefragt, warum und weshalb haben Engel Flügeln?

GOTT: Engel haben Flügel. Ja das stimmt, aber nicht um zu fliegen, sie brauchen nicht fliegen, sie sind überall.

Aber jetzt; NEIN, mit den Flügeln umarmen sie die Menschen, Tiere, Pflanzen und Steine; und hüllen sie so wie in einem Mantel ein.

Sie geben somit, Wärme, Sicherheit, Kraft.

Mit den Flügeln, stupsen sie Euch liebevoll an, um Euch darauf hinzuweisen, es ist wer da für Euch.

Und wenn Ihr göttliche Weisheiten erfahren habt oder göttliches vollbracht habt, dann werdet Ihr immer eine oder mehrere Engelsfedern erhalten.

Das ist die Freude die Ihr den Engeln und MIR macht.

Ihr seht dabei, dass Ihr richtig gedacht, gefühlt oder gehandelt habt.

Freut Euch daran von Herzen.

ICH: Ich wurde gefragt, warum Ich von all dem nichts mehr weiß und Leiden muss.

Wenn ich Deine Frau (himmlisch) bin, könntest Du mir ja das alles was nicht so gut für mich, abnehmen, oder erst gar nicht zulassen!

GOTT: Mein Herz, es ist alles in Dir.

Du hast nichts vergessen, nur das Bewusstmachen funktioniert bei Dir noch nicht so ganz.

Wie Du dich entschlossen hast, dieses Leben zu erfahren, bist Du durch das Tor des Vergessens gegangen, wie alle anderen Seelen es auch tun.
Wie würde jede einzelne Seele es aushalten, wenn all ihre vergangenen Leben mitnehmen würde?
Und wenn es anders möglich wäre, wie sollte jede einzelne Seele dann das erfahren, was es noch nicht erfahren hat?
Jede Erinnerung, würde das Neu- erfahren, nur blockieren.
Jesus und Maria Magdalena sind ja jetzt auch an Deiner Seite im Irdischen Leben von Dir, auch sie gingen durch dieses Tor.
Sogar ICH bin mitten unter Euch und Ich bin ja auch ganz in Deiner Nähe.

Du kannst ohne Angst leben, wandle Angst in
Liebe um, alles aber auch alles erfüllt sich
dann mit Liebe.

Angst, zieht immer das weniger Gute an.

Liebe, kann nur liebevolles anziehen.

Das ist Bewusstwerdung und

Christusbewusstsein

Dass ich wie gesagt, sowieso immer bin.

Nur bei Dir Eschli, ist's etwas anders, Du

benötigst die Unterstützung von Norbert,

Dagmar und Erich, deshalb sind sie ganz nah

bei Dir.

Zur Erklärung für alle:

In jeden Lebewesen sei's Mensch, Tier,

Pflanzen oder Stein ist ein Teil von mir, sonst

könnten sie gar nicht existieren.

Alles was Ihr seht, spürt und erfahrt oder auch nicht, wurde von MIR erschaffen.

Beispiel: Du Eschli, wurdest von Irdischen Eltern geboren, somit konnte deine Seele in den Körper Inkanieren.

Deine Eltern wurden von einem anderen Paar geboren, und so weiter, bis sie zur Urquelle kommen.das ist der Zeitpunkt, wo ICH alles erschaffen habe.

Somit kannst DU und IHR es sehen, dass Ihr mit mir eins seid.

ICH: Nach der Meditation ist es nicht so einfach, alles nieder zuschreiben.

GOTT: Darum auch der Vorschlag, leg Dir was zum schreiben bereit, oder benütze das Diktiergerät, so wie Ichs dir mitgeteilt hatte.

Es geschieht nichts ohne Grund.

Du kannst mich jederzeit in dein Herz einladen,

bin immer bei Dir.

Du hast immer den freien Willen, mich

einzulassen oder mich warten zu lassen.

Ich werde niemand zwingen mich einzulassen,

Ich habe Geduld.

ICH: Fragen von anderen Personen, kann und

darf Ich Dir stellen?

GOTT: JA, selbstverständlich, durch diese

Fragen erschaffst Du Dir wieder neue

Erfahrungen und ICH erfahre somit durch

EUCH.

Erschaffen heißt:

Zuerst ist der Gedanke, dann fragen an sich

selbst stellen, dann kommunizieren mit der

Menschheit.

Dann fragen Dich die anderen: hmmm Du

weißt es nicht! Dann komm doch zu MIR.

Frage mich einfach: JEDERZEIT

Notiere Dir einfach alle Fragen, es werden eine

Menge kommen.

Einige kannst Du selber mit Liebe beantworten.

TIPS von mir:

Datum dazu schreiben bei Fragen.

Diktiergerät immer mitnehmen, wenn Du in

Trance bist, bekommst Du es ja nicht mit, wie

solltest Du dann alles niederschreiben, Du hast

nicht immer wem an Deiner Seite der alles

mitschreiben kann.

Und das ist ja auch nicht der Sinn davon, auch derjenige oder diejenige möchten entspannt dabei sein, und wenn es sie persönlich angeht, haben sie nicht die Zeit zu schreiben.

Und mein Wunsch ist ja, dass Du Eschli, alles niederschreibst, ohne umgemodelt zu sein.

Wenn ICH deinen Körper verein nehme, geschieht das immer liebevoll.

Im Gegensatz von Metatron, der Dich öfters überrascht und einfach zur Seite schupft. Er ist öfters ungeduldig (LACH).

Am Beginn DEINER Reise, wirst Du (Vorschlag von mir) im kleinen Kreis tätig sein.

Es wird sich am Anfang hauptsächlich um Beziehungsfragen drehen.

Die ja für Dich selbst auch präsent sind.

Später erweitern sich Deine Kreise, wenn Du dich selber sicherer fühlst und DEINE eigenen Fragen beantwortet hast, zumindest ein Teil. Jede Frage von anderen sind unbewusst Deine eigenen auch.

Höre und schreibe gut mit.
Deine Zahl ist die 4.
Also zuerst 4 Personen, dann immer mehr, schau dass wenn Du was Neues angehst die Zahl 4 darin enthalten ist.
Nehmt Euch alles daraus, was das Herz begehrt.

Es ist im Überfluss vorhanden, wartet nur gehört(Bewusst gehört) zu werden.

Bewusstwerdung

Und dann können diese Worte zur eigenen Auflösung dienen.

3 Irdische Haupt-Helfer stehen Dir zur Seite(Norbert, Dagmar und Erich) hast Du zur Verfügung. Zusammen seid Ihr 4.

Stell Ihnen auch Fragen, beratet, und höre gut zu, sowie sie auch auf Dich hören sollten.

Es ist nicht, dass ICH nur mit Dir oder durch Dich Kommuniziere, würde Dich ja auch überfordern, das ist aber nicht mein Plan, mein Herz.

GOTT: Bis später mein Herz.

ICH: Bis später mein Darling.

3. Meditation:

Ich wurde gefragt von einigen Personen, was der richtige Weg zu Gott ist.

Also Bitte um Antwort!

Gott: Fragst Du mich das wirklich?

Ich: Ja

Gott: also gut, zur Antwort: Ich gebe Dir keine, den Du hast ja schon geantwortet, oder hast Du gesagt, einen Moment. Ich muss erst nachfragen!

Ich: Nein, ich gab schon Antwort.

Gott: Und welche?

Ich: ich möchte, dass Du die Frage beantwortest!

Gott: Nein sage es Du selbst und verhandle nicht mit mir!

Ich: Ja aber…

Gott: Nichts ja aber. Leg los, ich sage Dir dann ob du es verstanden hast die Frage zu erklären.

Ich: Also, es gibt keinen richtigen Weg zu Gott, weil es kein richtig oder falsch gibt.

Der Weg zu Gott führt über das eigene Herz, im Herzen wohnt Gott, somit ist jedes Menschenkind eigentlich göttlich. Nur viele wissen es noch nicht.

So wie es im Herzen Abzweigungen gibt, so ist auch der angeblich *richtige *Weg zu Gott zu verstehen.

Jedes Ästchen kommt von Herzen verstreut sich etwas und ist doch eine Einheit mit dem Herz.

Das Herz macht auch keinen Unterschied, ob der Weg des Ästleins der richtige ist, es ist einfach so.

Es urteilt nicht, so wie Gott auch nicht beurteilt oder sogar verurteilt.

Gott verurteilt nicht.

Das war die nächste Frage: Urteilt Gott?

Gott: Mein Herz, das war eine wunderbare Erklärung, ICH bin stolz auf Dich, und Du kannst auf Dich selber auch stolz sein.

Und zur Frage: Urteilt Gott?

NEIN, das mach Ich sicher nicht, wie könnte ICH

das auch machen?

Ich gab Euch den freien Willen, das wäre ja

dann unverständlich.

Ich wurde von Eurer Welt hergestellt, als ob

ICH rachsüchtig, beurteilend, verurteilend sei.

Wenn Ihr einen Fehler macht, dann kommt IHR

in die Hölle oder in das Fegefeuer, wurde Euch

gesagt.

Das trifft aber Millionenprozent nicht zu.

ICH LIEBE EUCH

egal was ihr aus Euren Leben macht.

Wenn die Seele damit nicht einverstanden ist,

dann macht Sie sich bemerkbar.

Ihr hört nur nicht hin, dass ist Eurer *Fehler*,

obwohl es auch wieder kein Fehler ist.

Es ist einfach so.

Beispiel:

Du als Mutter kennst diese Szenerie ja!

Dein Kind, sagt Dir eine Unwahrheit, Du weißt

es aber genau dass es so nicht stimmen kann.

Du verachtest sie(ihn) ja auch nicht. LIEBST das

Kind dennoch von Herzen.

Und wie kann ICH dann all meine Kinder nicht

Lieben?

Ich: Ich danke Dir für diese Erklärung, In meinen

Herzen weiß ich die Antworten ja, weil sie ja

Deine sind, aber ich bin meistens noch etwas

unsicher, möchte keinen was sagen, was nicht

der Wahrheit entspricht.

Gott: Ja du bist Dir noch etwas unsicher, aber

glaub mir, es ändert sich von Tag zu Tag.

Du bist jetzt bereit dein weiteres Buch zu schreiben, sei stolz auf DICH, Du kannst und sollst es auch sein.

ICH LIEBE DICH, EUCH !

4. Meditation:

Das spielende Innere Kind

Ich atme dreimal tief durch und begebe mich auf die Reise zu meinem Inneren Kind.

Das Innere Kind, sitzt traurig und einsam im Eckerl des Heimes.

Ich nehme das Kind an der Hand und sage zu Ihr: komm Herzchen wir gehen hinaus und spielen auf der Blumenwiese mit dem Ball.

Und gesagt und getan.

Wir beide laden das Innere Kind von Berti dazu ein und spielen Völkerball.

Als wir eine Zeit gespielt haben mit Jauchzen und viel Spaß, kamen Dagmars und Erichs Innere Kinder zu uns.

Wir lassen sie natürlich teilhaben an diesem Spiel.

Wir lachten viel, und dabei bekamen die Augen unserer Kinder leuchtende Augen vor Freude, so wie es in unseren Augen auch leuchtete.

Etwas später machten wir eine Pause, tranken gekühlten Lindenblütentee.

Ich sagte dazu, legt Euch in das saftige Gras und lasst Eure Seele baumeln.

Genießt den Duft der Blumen, den Duft der Bäume und das Rauschen des Wasserfalls.

Jeder für sich ging auf Wanderschaft, nur am Beginn geführt von mir.

Bericht davon gaben wir uns nach dieser Reise.

Es war für alle atemberaubend schön.

Die Dämmerung setzte schon ein, als wir uns glücklich und selig auf den Weg nach Hause machten.

Einfach wieder das Kind aus sich herauslassen, herrlich dieses Gefühl.

5. Meditation:

Wasserfluten

Ich kam zu einem großen See, mit Inseln darin.

Auf einer Insel, befand sich ein Mädchen und

auf der anderen Insel ein Bub.

Das Mädchen hat den Namen: Betina.

Der Bub hat den Namen: Walter.

Ich schwamm bei beiden immer vorbei, bis sie

auch bereit waren zu schwimmen.

Auf einmal wurde es finster und ein Rauschen

setzte ein.

Das Wasser wurde immer höher und höher, am

Rande des Sees, verwandelte sich der

Sandstrand in Treibsand.

Betina war auf Ihrer Insel in Sicherheit.

Somit kümmerte ich mich um Walter, der von seiner Insel weggeschwemmt wurde und nicht mehr an Land konnte.

Ich legte mir Blätter von den Bäumen Auf den Treibsand, damit ich in Walters Nähe gelangen konnte.

Immer wenn Ich ihn gerade erfassen konnte, trieb er wieder weg.

Das ging so etwas 4 Stunden so dahin.

Meine Kräfte lassen schon nach, und Walter wurde auch immer schwächer.

Mir rinnen Tränen übers Gesicht, bin verzweifelt, weil ich Walter nicht helfen konnte.

Rief laut um Hilfe. Oh Gott hilf mir und Walter! Ich kann nicht mehr.

Kaum hatte Ich das ausgesprochen, kamen einige Männer dazu, die ein Boot dabei hatten, liesen dieses Boot ins Wasser und retteten

zuerst Walter, der mit seinen Kräften schon fast

zu Ende war.

Sie brachten Walter zu mir, ich schloss ihn

erleichtert und liebevoll in die Arme.

Die Männer brachten mir dann auch, die

Tränenüberströmte Betina, sie konnte ja nicht

helfen, da sie auf ihrer Insel eingesperrt

gewesen war.

Ich schloss sie auch fest in meine Arme.

Ich, Betina und Walter Dankten Gott für seine

prompte Hilfe.

6. Meditation:

Knäblein auffangen

Ich nenne das Knäblein wieder Walter.

Also es begann so:

Ich, Walter und ein Bekannter, gingen am Waldesrand spazieren.

Walter sagte zu dem Bekannten, nimm mich in deine Arme und trage mich ein Stückchen, die Füße schmerzen.

Der Bekannte nahm ihn hoch, zuerst trug er in ganz normal, er warf Walter in die Höhe, und dabei jauchzte Walter vor Vergnügen.

Walter schrie dann atemlos, jetzt ist es genug, ich mag nicht mehr, lass mich wieder runter, aber der Bekannte macht trotzallen immer weiter, und dabei geschah etwas Entsetzliches: Jedes Mal wenn er Walter in die Höhe schupfte und er kam wieder runter, schrumpfte er.

Ich schrie und schrie, höre auf, aber er hörte mich nicht.

Sein Gesicht war einfach unbeschreiblich hässlich dabei.

Von meinen schreien, kam ich aus der Meditation verweint und atemlos heraus.

So eine Meditation ist nicht angenehm.

Später fragte ich Gott, was dies alles zu bedeuten hat: aber zuerst dies noch, dann bekomm Ich die Antwort, auf meine Erlebnisse.

7. Meditation:

Erdbeben, Feuer & Chaos

Ich befand mich in einer großen Stadt, die umringt von Gebirgen war.
Es war wunderschön dort, bis es sich mit einen Male änderte.

Ein Erdbeben, zerriss die Stadt in mehrere Teile.

Ich und noch einige die auf dieser Seite standen, liefen zu dem einen Gebirgsgrad hin, der sich vor unseren Augen auftat.

Wir kletterten daran hoch, Flammen züngelten nach uns, dicker Rauch vernebelte uns die Sicht, langsam stolperten wir hoch.

Oben angelangt, bot sich uns ein Bild des Grauens.

Männer, Frauen Kinder, liefen schreien umher, sie fanden keinen Ausgang von diesen Hölleninferno.

Tiere flüchteten in das Hochgebirge.

Einige brannten lichterloh und sie schrien dabei vor Schmerzen.

Als das Beben aufgehört hatte, stiegen wir runter.

Erleichtert wie wir waren, weinten wir vor Freude und auch vor Schmerz über die Verluste die wir erlitten hatten.

Kaum hatten wir uns wieder sesshaft gemacht in unserer Stadt, fing alles von vorne wieder an.

Dieses Mal kletterten wir wieder auf diesen Gebirgsgrat, der aber viel schmäler war als vorher.

Es wurde immer schwieriger, dass wir zum Gipfel kamen.

Auch von denen die kletterten, stürzten viele entkräftet ab, oder sie wurden von den Flammen erfasst.

Überlebt haben diesmal nur einige Personen.

Antworten von Gott zu diesen Erlebnissen

Gott:

Ich weiß wie Du Dich jetzt fühlst!
Wenn Du in Dich hineinhorchst, fühlst Du, dass
es eigentlich Dein Leben ist, oder einige Teile
Deiner früheren Leben.

Einmal hinauf und dann wieder hinunter.

Das Knäblein und das Mädchen, symbolisieren
Dich selbst.
Das Mädchen wartet in Sicherheit auf Rettung.
So wie Du auch einige Male die Rettung
erhalten hast, von anderen Personen.

Das Knäblein, hat einiges mehr zum durchmachen müssen, aber im Endeffekt, wurde es auch gerettet.

So wie Du selbst auch gerettet wirst.

Du hast so viele Retter an deiner Seite, nimm deren Hilfe auch an.

Das Knäblein, das in die Höhe geworfen wird, bist auch Du selbst.

Am Anfang war es für Dich ein Spiel, dann wurde Ernst daraus und Du konntest dich nicht lösen davon.

Du hast Dich vor lauter Angst, festgeklammert.

Loslassen konntest Du NOCH nicht, aber Du bist ja jetzt dabei, Deine Ängste loszulassen.

Vertraue Dir selbst und Mir.

Zum Thema Beben, Feuer und Chaos:

Das spiegelt dein Inneres für Dich,

Du siehst dabei, dass Dir sehr wohl geholfen wird.

Auch wenn einige es nicht überstehen, die was von dieser Stadt gehen, sind Deine früheren Leben.

Es ist schmerzvoll aber sehr wichtig für Dich.

So gibst Du deine früheren Leben ab.

Und kommst wie der Phönix aus der Asche, wie Neugeboren.

Sei im Grunde dankbar für diese Erlebnisse, sie zeigen Dir dass du den Lichtvollen Weg wieder eingeschlagen hast.

Ich Liebe Dich mein Herz.

Liebe Dich selbst auch viel mehr. Du hast es Dir verdient.

Brauchst keine Angst mehr zu haben, egal in welcher Lage, es wird Dir immer und immer wieder geholfen.

Die Liebe überwindet jegliche Angst.

Hilfsgebet an Gott:

Bitte Lieber Gott Hilf mir und steh mir bei.

Ich bin verzweifelt, fühle eine totale Leere in

mir.

Gesundheitlich, Beziehungsmäßig, Arbeitsmäßig

und Finanziell, sieht`s zurzeit nicht rosig aus.

BITTE Hilf mir!!!!

Ich ersehne mir ja nichts in Übermaßen.

Gesundheitlich: dass Ich mein Leben wieder im

Griff habe.

Beziehungsmäßig: Hmmm schon etwas mehr,

Ich sehne mich nach Geborgenheit, Sicherheit,

und einfach, dass mein geliebter Schatz bei mir

ist und wir beide ein geordnetes Leben führen

können.

Arbeitsmäßig: eine Arbeit, die für mich geeignet ist.

Finanziell: dass Ich einfach genug habe in meinem Leben, dass Ich ohne zu darben hier und im jetzt existieren kann.

Gott: Meine Liebe, ICH habe mir schon lange gewünscht, dass Du dich auch in Nöten an mich wendest.

Meine Geduld wurde von Dir JETZT belohnt.

Also: Habe noch etwas Geduld, es ist ja alles schon in die Wege geleitet worden. Deine Hilfe und Unterstützung sind ja schon auf dem Weg zu Dir.

Ich weiß, Du fühlst Dich momentan, nein eigentlich schon ziemlich lange, ausgebrannt und leer.

Du kämpfst schon lange damit, es geht einmal sehr gut, in jeglicher Lage, sei es Gesundheitlich,

Beziehungsmäßig und Finanziell, dann erfährst Du wieder das Gegenteil.

VERTRAUE MIR, es wird für Dein Wohl gesorgt.

Und ICH gebe Dir und auch für alle die Dieses Buch lesen einige Affirmationen.

Die Du aber auch mündlich weitergeben
könntest, meine Liebe, das hilft Dir und auch
den weiteren Menschen.

Wenn Dir gerade einige davon nicht so ganz
stimmig sind, fühle in Dich hinein, sie möchten
Dir damit etwas anzeigen. Höre einfach mit
Deinem Herzen.

Affirmationen:

Ich bin fließende Liebe.

In mir strömen Gedanken der Liebe und Heilung.

Mein Herz ist offen für die Wunder des Lebens.

Ich folge der Sehnsucht meiner Seele.

Ich vertraue dem Augenblick und folge der Freude

meines Lebens.

Ich bin und bleibe mir selbst treu.

Ich erkenne die Schönheit und Einzigartigkeit des

Alltäglichen in mir selbst.

Ich bin ein Ausdruck der Schöpfung, ein Teil des großen

Ganzen.

Ich spüre meinen Körper und höre auf meine innere

Stimme.

Ich entspanne mich und nähre Körper, Geist und Seele

mit Wohlbefinden.

Ich achte mich selbst und meine Bedürfnisse.

Ich habe die Kraft, mein Leben selbst zu gestalten.

Ich lächle mit meinem Herzen und tue mir Gutes.

Ich atme den Duft der Stärke und Kraft, um mein Leben zu meistern.

Ich lebe aus meinem Herzen.

Ich bin ein Brunnen unendlicher Freude und Vitalität.

Ich freue mich, dass es mich gibt.

Ich verdiene Gesundheit und Heilung.

Ich lebe ein erfülltes Leben voller Freude.

Wohlgefühl durchströmt mein ganzes Sein.

Ich Ehre und achte mich mit Selbstliebe.

Ich bringe mir und der Welt Aufmerksamkeit, Achtsamkeit und Liebe entgegen.

Ich bin dankbar für alles Gute im Leben.

Ich verzeihe mir selbst und all meinen Mitmenschen.

Es wird nicht gesagt von mir, dass Du jede Affirmation, Dir zu Eigen machen solltest. Jeder Tag beschert Dir (Euch) andere Problematik, Geh nach Deinem (Euren) Herzen. Dann weißt Du (Ihr) welche Affirmation, gerade für diesen Tag von nutzen ist.

Nutzt sie, es ist für Dein (Eurer) Wohl.

Dafür hast Du (Ihr) sie ja erhalten.

NAHTOD ERLEBNISS 08.09.2010

Ich wollte zu Dagmar fahren, um Ihren
Geburtstag zu feiern. Ich war schon bei der
Autobushaltestelle und mir ging's nicht sehr gut.
Ich rief Dagmar an und sagte: Ich gehe wieder
Heim, mir geht's nicht gut. Legte auf, und ich
wollte mich setzen und fiel dabei in Ohnmacht.
Laut Passant war ich etwa 10 Minuten klinisch
Tod.

Meine Seele verlies den Körper, Ich konnte mich
liegen sehen. Als Ich (Seele) mich umdrehte,
befand Ich mich auf meiner Wiese, umringt von
all meinen Lieben und vielen Engeln.
Ich konnte tanzen, springen, mich in Kreise
drehen, alles ohne Schmerzen.

Schwebte von einer Blume zur anderen,

schnupperte den herrlichen Duft ein.

Dann bekam Ich einen Wasserfall zu sehen, er

war unbeschreiblich schön, das Wasser floss

einmal lieblich herunter, dann wieder brausend.

Ein Regenbogen tat sich vor meinen Augen auf,

konnte ihn sogar berühren, was man ja in

unserer Welt nicht kann. Atemberaubend dieses

Gefühl;

Riesige Bäume stehen am Wiesenrand, aber

nicht so aufgefädelt, Nein, ganz wirr

durcheinander. Ich umarmte einen Baum davon,

und der fing auf einmal zu reden an mit mir.

Ich war ganz erstaunt und fassungslos, Bäume

die redeten?

Der Baum fragte mich, warum ich so erstaunt

sei:

Ich darauf: Ja in meiner Welt reden Bäume nicht!

Oh doch: Sie reden auch, nur Ihr Weltenmenschen hört nicht hin.

Ihr habt den Glauben etwas verloren, aber er kommt ja jetzt wieder zum Vorschein. Was GUT ist.

Ich umarmte den Baum ein weiteres Mal und dabei flossen mir Tränen herab. Aber es schmerzte nicht, nein im Gegenteil, es waren Freudentränen.

Ein Engel sprach mich Liebevoll an. Meine liebe Ilse, Deine Zeit ist noch nicht gekommen um hier zu verweilen.

Du solltest wieder in Deinen Irdischen Körper zurückkehren.

Du wirst noch gebraucht, es warten noch einige Menschen auf dich, die Dich Lieben.

Und Du hast noch einige Aufgaben vor Dir, die noch nicht gelöst worden sind, die Du Dir selbst auserwählst hast.

Somit kehrte Ich wieder zurück, auch wenn es noch so schön gewesen ist, auch hier auf der Erde ist es schön:

Sowie

EIN HIMMEL AUF ERDEN

Ein Haus aus Glas

Ich machte mich bereit für eine Meditation.

In meiner Stille bewegte Ich mich wieder zu

meiner herrlichen Wiese.

Auf einmal wurde Ich an gestupst und es

wurde mir gesagt.

Nein diesmal bleibst du nicht auf der Wiese,

wir reisen etwas weiter. Bist Du bereit dazu?

Etwas erschrocken bin Ich schon, sagte Ich,

musst Du immer so rein poltern?

Es war wie üblich Erzengel Metatron.

Er lachte Schallend und sagte: Ja kennst mich ja

mittlerweile schon.

Da musste ich von Herzen lachen.

So gefällst Du mir schon besser, wenn Du lachst, immer weiter so.

So und jetzt können wir losreisen, oder?

Ja sagte ich.

Na dann komm, gib mir deine Hand.

Die Reise dauerte vielleicht einen Wimpernschlag, und Erzengel Metatron sagte, wir sind hier, sieh dich einmal um!

Wir stehen vor einem wunderschönen Haus, das ganz aus Glas war, man konnte von außen drinnen alles sehen, es hat urviele Stockwerke.

Ich gehe ehrfurchtsvoll hinein und drehe mich um, und frage: Wo bist Du.

Nur keine Angst, ich bin ja hier.

Ich schaue mich in diesen Raum um, und sehe herrliche Bilder, mit Landschaften, Berge, Blumen und Tiere und viel Wasser.

Ich sagte: Oh Schwimmen wäre jetzt toll!

Na dann schließ deine Augen und stell dir Wasser in den Raum vor, hier kannst du es anwenden.

Ich schließe meine Augen, wie er gesagt hat, und auf einmal füllt sich der Raum mit herrlichem klarem warmem Wasser.

Ich steige die Treppen runter und fange an zu schwimmen. Himmlisch.

Schwimme zur anderen Seite rüber und Schwups bin ich im nächsten Raum.

Lachen und Jubelschreie ertönen.

Andere Gestalten springen auch ins Wasser, wir schwimmen miteinander eine Weile rum, aber auf einmal war ich allein.

Wo sind die anderen hin? Frage ich.

Die sind in andere Räume rüber, es ist nicht immer so lustig wenn man immer im selben Raum schwimmt.

Und wie funktioniert das, sie sind ja nicht raus vom Becken?

Mit Gedanken meine Liebe. Da kannst du in jeden Raum sein, probiere es einmal.

Ich überlegte, wo ich jetzt sein möchte: Hmmm ganz nach oben möchte ich!

Kaum hatte ich den Gedanken, war ich auch schon oben. Traumhaft dieses Gefühl.

Ich schwimme und schwimme jetzt von einem Raum zum anderen, nach unten nach oben, wie es mein Herz begehrt.

Auf einmal sehe Ich eine Rutsche, sieht aber eigenartiger weise wie eine Wendeltreppe aus.

Ein Gedanke und Ich befand mich schon ganz oben.
Und los ging die Wasserfahrt. Herrlich, kann Ich nur sagen.

Nach einer Weile fragte Ich Erzengel Metatron, wieso er mich hierhergebracht hat?

Er meinte, ich hab schon geglaubt, Du fragst
nie!

Ich musste das alles ja erst genießen. Lächle
dabei Lieb.

Ja ich Weiß meine Liebe.

Also zur Erklärung:
Dieses Haus existiert eigentlich nicht.
Wieso nicht, ich sehe es ja und befinde mich
darin?

Schau dich doch einmal genauer um, kommt dir
nichts bekannt vor?
Und jetzt denke nicht Weltlich, da würdest du
nichts bemerken, fühle einfach mit deinem
Herzen.

Ja aber sagte ich da. Mir kommt es schon bekannt vor! Traue mich aber nicht es zu benennen, nein das glaube ich nicht.

Sag`s ruhig:

Ich glaube, nein ich weiß, dass dieses Haus eigentlich meine innere Welt ist. Habe ich recht?

Ja du hast recht, Dein Gefühl sagt Dir schon das richtige.

So wie Du dieses Haus siehst, spürst, so bist Du selber. Dein Körper ist dieses Haus, rein, klar und ohne Türen, Du kannst überall hin, und auch hineingeben was Du willst, wenn Du nur willst.

Die Wendeltreppe die du jubilierend benutzt hast, ist eigentlich Deine Wirbelsäule.

Wenn Du Schatten siehst, dann ist das alles in Dir.

Du brauchst nur darauf zu achten, dass die Schatten wieder ins unendliche gehen, Du benötigst sie nicht mehr.

Du wendest so eine Reise sehr selten an.

Also jetzt weißt Du wie Du Dich entspannen kannst und wie Du alles erleben kannst.

Deine Seele hat den Wunsch, öfters solche wunderschöne Momente zu erfahren.

Dinotopia

(keine Meditatoinsreise, Ich wurde abgeholt)

Es war ein Tag unter der Woche.

Dagmar kam darauf, dass mir einige

Seelenanteile abhanden gekommen sind.

Einen Seelenanteil gab Sie mir an diesem Tag

zurück, die anderen sechs meinte Dagmar

bekommst Du später zurück, wie, das wirst Du

dann schon sehen oder spüren!

Ich war damit zufrieden, denn den einen Teil

zurück zu bekommen, war nicht gerade

entzückend für mich, es tat weh und auch

wieder nicht, einfach eigenartig war dieses

Gefühl.

Dagmar verließ mich und ich begab mich etwas später ins Land der Träume.

Und da geschah etwas Eigenartiges. Aber jetzt nicht ungeduldig werden, ich fange ja schon an zu erzählen:

Ein in Licht gehülltes Wesen kam schwebend auf mich zu, und fragte mich, ob ich bereit sei?

Ich fragte: Zu was bereit? Und wer bist du eigentlich?

Das sind jetzt 2 Fragen, die ich Dir gerne beantworten werde, es ist nur eine lange Geschichte, aber ich werde es kurz machen.

1 Frage etwas später: bist Du einverstanden damit?

ICH : Ja

2 Frage: Ich bin ein kleines Wesen aus Dinotopia, (sagt mir momentan gar nichts) mein Name ist Tuschim und wurde zu dir gesandt um Dich zu holen um Dich zu heilen und Deine Seelenanteile wieder zu reparieren. Das damit ja auch die 1 Frage beantwortet.

Bist Du bereit dazu?

Ja sagte ich, ein bisschen ängstlich bin ich schon, wenn ich ehrlich bin.

Das ist gut so, dass Du etwas ängstlich bist, Dein Vertrauen wurde ja schon öfters missbraucht, aber Vertraue mir, so wie Du auch Gott vertraust.

Das war für mich das Stichwort, weil Gott vertraue ich von ganzen Herzen.

Also ging die Reise los.

Das Wesen reichte mir die Hand und Ich legte
vertrauensvoll meine Hand in seine.

Während der Reise sagte Tuschim, es wurde
uns berichtet, dass Dir einige Seelenanteile
abhanden gekommen sind und das ist sicher
nicht gut für Dich und auch nicht gut für die
restliche Welt, weil Du bist dazu auserkoren
worden, Licht in die Welt zu bringen.
Die Seelenanteile hat sich eine andere Seele bei
Dir ausgeborgt, nur leider vergessen, sie wieder
zurückzugeben, dass ja nicht das erste Mal war.

Wenn bei Dir aber diese Licht fehlt, wie kannst
Du es dann weitergeben?

Also jetzt bekommst sie wieder zurück, dafür ist ja auch diese Reise gedacht.

Und jetzt, öffne Deine Augen und DEIN Herz:

Ich öffne die Augen und ein atemberaubendes Bild bietet sich mir.

Wir beide sind auf einen wunderschönen Strand, dahinter bei den Dünen befindet sich eine wunderschöne Wiese mit all erdenklichen Blumen, die es in unserer Welt gar nicht mehr gibt.

Ein lautes Brausen und Geschrei erreicht mein Ohr, Ich zucke angstvoll zusammen, und wollte mich gerade hinter einen Felsen verstecken.

Tuschim sagte, habe keine Angst, Dir geschieht hier nichts, Du bist in Sicherheit.

Ich bekam jetzt dieses Tier zu sehen, dass so immens Laut gebrüllt hat.

Es ist ein Dinosaurier (Rex), Ich war erstaunt und sagte: die sind doch schon lange ausgestorben!

Hier in Dinotopia, wo wir gerade sind. Leben sie nachwievor, Gottseidank.

Nur in Deiner Welt existieren sie nicht mehr.

So Ilse und jetzt steig auf Rex damit wir die Reise ins Innere antreten können.

Ich schwang mich auf den Rücken des Dinosauriers und los ging die Reise.

Als wir zur Stadt kamen, war Ich sehr erstaunt, denn was sich meinen Augen bot, habe Ich schon immer in mir gesehen.das Haus aus Glas.

Nur noch viel ,viel schöner .

Die Leute schauten mich an und jubelten.

Ich fragte wieso sie das machen?

Sie begrüßen Dich Ilse, sie freuen sich, dass Du

hier bist. Du warst ja auch lange nicht mehr

hier anwesend.

Ich sagte aähm, Ich war noch niemals hier!

Das denkst nur Du, Du warst immer schon hier,

wie könntest Du denn sonst wissen, dass es

das Haus aus Glas gibt?

Ich wurde von **Miriam** herzlich begrüßt, und sie

zeigte mir die Kemenate die Ich für diesen

Besuch bewohnen werde.

Nach einer Weile kamen einige Frauen, die mich für die Prozedur der Heilung vorbereiten.

Ich wurde in Trance versetzt und somit begannen sie mit der Instandsetzung der fehlenden Seelenanteile.
Als Ich wieder zu mir kam, schaute ich Miriam an und fragte sie, was sie hat, weil sie so nachdenklich wirkte.

Sie sagte dann: es ist schon seltsam, dass Du mit Rex gekommen bist.

Wieso fragte ich?

Naja meinte sie, Rex ist ja ein fleischfressender Dinosaurier, und er lässt eigentlich nie jemand auf sich, hast Du keine Angst gehabt?

Oja die hatte Ich schon, aber Ich vertraute auf ihn, wir sahen uns beide in die Augen, da hatte Ich keine Angst mehr.

Ahhh, das Ist es. Jetzt verstehe ich.
Weil wenn Du weiterhin Angst gezeigt hättest, wärest Du zur Sicherheit sein Futter geworden. Und so zeigt es, dass Du seiner würdig bist, und daher verbeuge ich mich vor Dir und verzeih mir meine Zweifel.
Ich nahm ihre Hände und zog sie wieder hoch, verbeuge Dich doch nicht vor mir, wir sind doch alle einzigartig. Und es gibt nichts zum verzeihen, es ist in Ordnung so wie es ist.

Achja ich sollte Dir liebe Ilse vom weisen Rat

noch etwas ausrichten.

Fragend schaue Ich sie an!

Wenn Du wieder in deiner Welt bist, auch

wenn Du lieber hier bleiben möchtest, das geht

aber nicht.

Kannst (musst nicht) Du ein Schutzsymbol

kreieren.

Wie es aussieht bekommst Du noch mitgeteilt,

wenn Du bei dir zu Hause bist.

Und noch etwas: Über Dinotopia wurde schon

mal ein Film gedreht, sieh in Euren

Wunderkasten (Internet) nach, da wirst Du

vieles erkennen, was hier schon lange Zeit ist.

Und somit verabschiedete sich Miriam von mir,

mit dem Gruß, SEI LICHT.

Ich sprach darauf. SEI HELL

DA Ich sehr müde war. Legte ich mich ins Bett

und schlief auf der Stelle ein.

Als Ich aufwachte, war ich wieder in meiner

jetzigen Welt.

Ich war eigentlich nur eine Nacht In Dinotopia.

Ich dachte einige Zeit über das Schutzsymbol

nach, wie Ich es kreieren sollte. Eine Skizze habe

ich von Ihnen erhalten, wie es aussehen soll.

Ich schaute mir die Skizze genauer an und auf

einmal fiel mir ein, was es darstellen soll.

Nämlich ein Knochen, ein besonderer. Ich war ja

in Dinotopia, also ist es ein Dinosaurierer-

Knochen.

Da mir einfach keine Lösung einfiel, fragte ich Gott, ob er mir dabei helfen kann?

Ich kann doch nicht aus Perlen oder Steinen so etwas kreieren, das kann Ich nicht.

Gott sagte zu mir: Du solltest nicht so weit mit den Gedanken schweifen, die Lösung liegt bereits vor.

Du bist kreativ beim Häkeln oder Stricken, also ist das die Lösung.

Biete diese Symbole auch anderen an, sie sind zum Schutz und auch geben sie Kraft und Mut.

Und somit begann ich diese Symbole zu häkeln.

ERFAHRUNGSBERICHTE:

Was Die Symbole bewirken:

Das 1. Symbol gab ich Dagmar mit.

Sie trug es auf Ihren Herzen, ebenfalls tat Ich dasselbe. Wir bemerkten, dass dieses Symbol für unsere Selbstheilung, Kraft, Mut und Stärke diente.

Dagmar trug bei starken emotionalen Herzbeschwerden, dieses Symbol aus Dinotopia, dicht auf Ihren Herzchakra. Nach etwa 1 Stunde liesen die stechenden Beschwerden nach und Sie teilte mir mit, dass es Ihr schon besser geht.

Dagmar, hat Dieses Symbol, immer bei sich.

Wenn Sie Beschwerden hat, kann sie es sich auf

jegliche Stellen legen, dass Ihr immer

Unterstützung zur Heilung gibt.

Das 2 Symbol gab Ich Berti:

Er hat es immer in seiner Hosentasche, damit er

es jederzeit zu Hand hat, wenn er gerade ein tief

hat.

Er teilte mir dieses mit: Wenn Ihm die

emotionalen Ängste anpacken, nimmt er dieses

Symbol in die Hand und es geht Ihm dann viel

besser.

Auch wenn er am Beginn, skeptisch war, er

vertraut jetzt von Herzen daran.

Somit kann man die GÖTTLICHE Führung

annehmen,

Vertrauen zu uns selbst wieder aufbauen.

Harmonie im Herzen fühlen und diese Freude

auch leben.

Jenseitskontakt-Dialog zwischen mir und meinen verstorbenen Vater

Über Gott geht das jetzt, Du kannst ja zurzeit noch nicht mit Seelen kommunizieren Sonnenschein Ich begrüße dich.

Ja, Ich habe getrunken,

um das alles zu verdrängen(Sorge, Kummer und die argen Schmerzen).

Die Schmerzen waren ungemein Groß, als ob Ich innerlich verbrennen würde.

Dich mein Kind, mein Sternderl, habe Ich immer geliebt, auch Werner liebte Ich von Herzen, auch wenn Ich Ihm, dass nicht immer so zeigen konnte.

Du konntest es halt besser, das liebevolle Schmeicheln.

Wenn Du gesagt hast, *Papili* ist mein Herz geschmolzen und konnte nicht mehr NEIN sagen.

Du bist schon ein Teufelsmädl (liebevoll gemeint).

Kannst Dich noch erinnern: wie Du gesagt hast: *Bei einem Ohr rein, beim anderen raus?*

Ich bin ausgerastet, derweil musste Ich aber auch lachen, Dein Mut, Wow, Ich war sprachlos.

Das brachtest nur Du zusammen.

Wenn du Heimkommen bist, war`s als ob Die Sonne reinkam, und die Wärme, gigantisch war das.

Ich könnte so viel erzählen, aber Du weißt eh alles.

Die Zeit auf Erden war einfach schön mit Dir, Deiner Mutter und Werner.

Ich weiß, Sie vermissen mich auch.

Ich Liebe Sie beide, sag es Ihnen beizeiten, sie brauchen das.

Ich bin immer bei Dir, aber lass mich jetzt ins Licht gehen, Herzilein.

Ich habe Dir Norbert den du so liebevoll *Berti* sagst gesandt, dass Du Dich in Ihn verliebst und er in Dich.

Aber wie Ich immer gewusst habe,

Du verliebst Dich nicht:

NEIN Du Liebst Ihn, sowie er Dich.

Weil * verlieben und Liebe * ist bei Dir nicht das gleiche.

Du sollst Ihn nicht als Vater sehn, was Ich am Anfang befürchtet habe.

Dass Gott sei Dank nicht so wahr, Du siehst Ihn als Deinen Mann.

Und das ist gut so.

Lass nicht zu, dass Ihn wer ändert. er ist wie er ist! Ein quirliger Kerl. Dass Dir ja urgut gefällt an Ihm. Einfach, wie er ist.

Ein Alkoholiker ist er fürwahr nicht, er bekommt das auch in den Griff.

Er sollte Dir viel mehr Vertrauen, auf Dich und Deine Liebe.

Du bist einzigartig.

Und im Herzen bist Du nur Ihm treu, weil Du einfach so bist wie Du bist, dass er aber auch tief in Seinem Herzen weiß.

Ein glücklicher Engel auf Erden.

Ich weiß jetzt, dass Du die himmlische Frau von Gott unseren Höchsten bist.

Nobert ist auch ein Göttliches Wesen im Irdischen Leben für Dich.

Ich weiß, dass dir Dein Herz wehtut, weil Du Ihn mir nicht mehr vorstellen konntest, aber Ich sehe Ihn.

Vertrauen heißt Lieben, Dich selbst Lieben und diese Liebe kannst Du Norbert geben und vielen Menschen auf dieser Welt. Diese Liebe für andere, ist sicher anders gestaltet als Deine Liebe zu Norbert.

Ich bin ja bei Dir in deinen Herzen, höre Euch beiden immer zu.

Deine Vorschläge werden von Norbert auch im Unterbewusstsein aufgenommen. Er hört aber manchmal nicht gerne die Wahrheit.

Er befolgt ja eh viele Deiner Ratschläge, wenn Er mal zuhört. (der Wirbelwind- Rutschibeda).

Er fühlt Deine Liebe zu Ihm, er hat aber Angst davor.

Er sollte die Angst annehmen, sie hat seine
Gültigkeit und sie in Liebe umwandeln.

Helfe Ihn dabei, mein Herzblatt, Du kannst es.

Die Angst von der Angst in Liebe umwandeln.

Ich habe nicht auf Dich gehört. NEIN stimmt
nicht ganz. Habe es gehört, aber mein Erfüllen
auf der Erde war vollbracht.

Im Herzen bin ich immer bei Dir.

Verzeih Mir und Dir für alles.

Aus Fehlern lernt man, so wie Deine Mutter
auch daraus gelernt hat.

Ich habe und Liebe Mein Schnötzerl immer und
ewig, auch mit Ihren Fehlern, habe ja auch selbst
genug gehabt. Wer hat keine Fehler?

Wen wer sagt, er ist Fehlerlos, ist diese Aussage
schon ein Fehler.

Und Ich werde Ihr auch den richtigen Partner senden, der sie dann auch von Herzen liebt.

Ich weiß, dass Sie nicht immer einverstanden war, was Du getan hast und noch weiter tun wirst.

Deine Ziele weißt du und ziehst sie auch durch, damit kommt sie einigemal nicht klar damit.

Warum auch immer!

Schick Ihr die reine Liebe!

Geh Deinen Weg, so wie Du es in Deinen Herzen spürst, Du bist am richtigen Ort.

Mein Sonnenstrahl, bleibe in Wien bei Deinem Herzgeliebten Schatz, oder wohin auch Eure Wege führen. Es ist gut so für Dich.

Übernehme Dich nicht!

Und überfordere Dein Manderle nicht zu viel.

Du machst Deine Sache hervorragend, aber Dein
Schatz kommt nicht so schnell mit, lass Ihm Zeit.
Er hat ja auch jetzt viel um die Ohren.
Den Weg(Lichtvoller Weg) den Du jetzt
begonnen hast, ist der einzig richtige für Dich.
Auch wenn's andere anders sehen. Im Herzen
weißt Du es.
Ich weiß auch dass Du Deiner Freundin *Dagi*
wie Du sie insgeheim nennst,*Du kürzt ja immer
noch alle Namen ab, das bist einfach DU*,
diesen Dialog zeigst, weil Du Dir selber nicht
ganz traust, aber es ist kein Hirngespinst von dir,
es ist die Wahrheit.
 So wie alles andere auch.
Deine liebsten (Ich, Omi, Rosi, Franz, Wolfi und
all Deine Verwandten, auch Norberts Sohn ist
bei mir, sie sind alle im Licht und freuen sich

Dich zu unterstützen, mit Ihrer Kraft und Liebe von oben.

Gib Norbert, all Deine Liebe, grenzenlos, damit sein Herz für Dich offen wird, ohne die Stahldrähte, wie ein Packet verschnürt. Löse mit Ihm zusammen die Schnüre.

Ich Liebe Dich, GOTT Liebt Dich. Norbert Liebt Dich. LIEBE DICH AUCH SELBST!

So jetzt gehe Ich, mein Schmetterling, Du kleines Röschen.

Deine himmlischen Werkzeuge werden von Tag zu Tag mehr werden, wenn Du die Bewusstwerdung in Deinem Sein erkennst.

Tschau mit *Au* Tschüss mit *Ü*. Der Spruch gefällt mir immer mehr von Dir. **Lachen muss**

Lachen sollte auch für Dich sein, denn du bist
ein Sonnenschein. Tränen versiegen, das Lächeln
auf Deinem Gesicht, strahlt wie

GOLDENES LICHT!

*Zwicka-Bussi * mein Sonnenschein

Channeling – Jenseitskontakt zwischen Dagmar und verstorbene Ersatzmutter Rosi

26.02.2011   13:30 Uhr

Du warst eine wundervolle Leih-Tochter für mich.

Ich hätte mir keine andere Tochter wünschen können. Dieses habe Ich Dir nie sagen können.

Liebes Kind, Du hast Deinen Lebensinhalt verloren.

Als Deine Kinder klein waren gabst Du mir ein Versprechen, (das Du auch gehalten hast, auch wenn es oft schwer war für Dich).

Diese Versprechen gebe ich Dir in diesen Augenblick wieder zurück.

Meine linke Hand, die auf Erden demoliert war, wie Du ja weißt, ist jetzt vollkommen geheilt.

Und gerade diese Hand, hat Dich vor einem schweren Schicksal bewahrt.

Durch deine Freundin, teile ich Dir dieses mit,

Die dabei auch die schmerzen meiner Hand

spürt, wie ich Sie damals auf Erden hatte, es soll

Dir damit klarwerden, dass es die reine

Wahrheit ist, die aus Dagmar spricht.

Und somit hast Du wieder etwas, dass Dir immer

und immer wieder hilft, in jeder Hinsicht.

Dein Leben war nicht immer heiter und

Sonnenschein, aber Du hast es immer wieder

geschafft auf die Füße zu kommen, gib nicht auf,

mein Kind.

Ein guter Rat von mir: Lebe DEIN Leben jetzt:

Du warst immer für deine Familie da, und dabei

hast Du vollkommen auf Dich selbst vergessen.

Darum jetzt auch die Leere in dir.

Du bist eigentlich der wichtigste Teil in Deinen

Leben.

Gehe hinaus in die Natur, Du warst doch so
gerne immer im Wald oder auf einer Wiese.
Erinnere Dich, an die schönen Zeiten, die wir
erlebt hatten.
Bleib so ein Sonnenschein für die anderen
Personen, so wie Du für mich der Sonnenschein
warst. Und nun Lebe wohl mein Kind.

Eigene Notizen:

Nachwort

Ich habe mein Buch mit Hilfe von Gott, meinen
Engeln und jeglichen Wesen geschrieben.

Es soll jeden (jeder), zeigen, mit Gottes
Unterstützung können wir jederzeit rechnen, in
Gebeten oder Meditationen sollte man
hinhören, hin fühlen, das Herz öffnen

HERZ IST TRUMPF!

Gott kommuniziert mit UNS in vielerlei Arten.
Er kann sich uns mitteilen, im Rauschen des
Windes, im Wassergeplätscher, in der Musik,
Tiere teilen uns auch sehr viel m mit.
Wir sollten nur die Augen, Ohren, Herz offen
haben.

Mein erstes Buch lautet * Die helfende Hand*

von Ilse Roll (damaliger Name), Purgstaller ist

mein Mädchenname.

Mein erstes Buch wurde beim www.wagner-

verlag.de gedruckt und ist auch dort zu

bekommen.

ISBN: 3-935232-15-2

Ein für mich, sehr guten Spruch, möchte Ich

Euch darstellen: Ich sage mir den öfters am

Tage, immer wenn Ich daran denke. Er hilft

JEDEM.

*Es geht mir jeden Tag in jeder Hinsicht immer

besser*. DANKE

Der Adler:

Ein wunderschönes göttliches Geschöpf.

Lege all Deine Sorgen, Kummer, Schmerz und
Ängste,
auf des Adlers Flügeln.

Er trägt sie gerne für Dich ganz hinauf.

Somit bist Du von aller Last befreit.

Und kannst Frohgemut, weiter schreiten.

So bin Ich auf meiner Wiese und bei meinem Baum,

fühle mich dabei rundherum Wohl und Geborgen

So wünsche Ich es, jeder Person

von Herzen.

LICHT UND LIEBE

Autorin & Gestaltung: ILSE PURGSTALLER

Herstellung und Verlag:
Books on Demand GmbH, Norderstedt
ISBN 978-3-8423-5285-8